Impressum
Verlag: BABADADA GmbH, Nedderfeld 112 , 22529 Hamburg
Geschäftsführer / Verlagsleitung: Harald Hof
Druck: Books on Demand GmbH, In de Tarpen 42, 22848 Norderstedt

Imprint
Publisher: BABADADA GmbH, Nedderfeld 112 , 22529 Hamburg, Germany
Managing Director / Publishing direction: Harald Hof
Print: Books on Demand GmbH, In de Tarpen 42, 22848 Norderstedt, Germany

教室
klassiruum

除
jagama

186/2

黑板
tahvel

校园
koolihoov

老师
õpetaja

纸
paper

书写
kirjutama

钢笔
pastapliiats

办公桌
kirjutuslaud

直尺
joonlaud

书
raamat

学生
õpilane

书包
koolikott

铅笔盒
pinal

铅笔
harilik pliiats

卷笔刀
pliiatsiteritaja

橡皮擦
kustukumm

画板
joonistusplokk

图画

joonistus

画笔

pintsel

颜料盒

värvikarp

剪刀

käärid

胶水

liim

练习册

töövihik

家庭作业

kodutöö

数字

number

加

liitma

减

lahutama

乘

korrutama

计算

arvutama

字母

täht

字母表

tähestik

字

sõna

课文

tekst

读

lugema

粉笔

kriit

上课

koolitund

登记

klassipäevik

考试

eksam

证书

tunnistus

校服

koolivorm

教育

haridus

百科全书

entsüklopeedia

大学

ülikool

显微镜

mikroskoop

地图

kaart

废纸筐

paberikorv

酒店
hotell

Grand

青年旅社
hostel

ROOMS

外币兑换处
valuutavahetuspunkt

ECHANGE

手提箱
kohver

汽车
auto

语言
keel

是/否
jah / ei

好的
okei

您好
Tere!

翻译员
tõlk

谢谢
Aitäh!

......多少钱？

Kui palju maksab ...?

我不明白

Ma ei saa aru

问题

probleem

晚上好！

Tere õhtust!

早上好！

Tere hommikust!

晚安！

Head ööd!

再见

Head aega!

方向

suund

行李

pagas

包

kott

双肩包

seljakott

客人

külaline

房间

tuba

睡袋

magamiskott

帐篷

telk

旅游信息
turismiinfo

海滩
rand

信用卡
krediitkaart

早餐
hommikusöök

午餐
lõunasöök

晚餐
õhtusöök

票
pilet

电梯
lift

邮票
postmark

边界
riigipiir

海关
toll

大使馆
saatkond

签证
viisa

护照
pass

旅行 - reisimine

飞机
lennuk

船
laev

消防车
tuletõrjeauto

公交车
buss

卡车
veoauto

汽艇
mootorpaat

自行车
jalgratas

汽车
auto

摆渡船

praam

小船

paat

摩托车

mootorratas

警车

politseiauto

赛车

võidusõiduauto

租车

rendiauto

拼车
ühisauto

拖车
puksiirauto

垃圾车
prügiauto

发动机
mootor

汽油
kütus

加油站
tankla

交通标志
liiklusmärk

交通
liiklus

交通堵塞
liiklusummik

停车场
parkla

火车站
raudteejaam

轨道
rööpad

火车
rong

电车
tramm

货车
vagun

交通运输 - transport

直升机
helikopter

机场
lennujaam

塔
torn

乘客
reisija

集装箱
konteiner

纸板箱
pappkast

手推车
käru

篮子
korv

起飞/降落
õhku tõusma / maanduma

城市
linn

村庄
küla

市中心
kesklinn

房子
maja

电影院
kino

广告
reklaam

路灯
tänavalatern

街道
tänav

出租车
takso

小吃店
kiosk

行人
jalakäija

人行道
kõnnitee

十字路口
ristmik

斑马线
ülekäigurada

垃圾箱
prügikonteiner

红绿灯
valgusfoor

CINEMA

小屋

osmik

公寓

kortermaja

火车站

raudteejaam

市政厅

raekoda

博物馆

muuseum

学校

kool

城市 - linn

大学

ülikool

银行

pank

医院

haigla

酒店

hotell

药房

apteek

办公室

kontor

书店

raamatupood

商店

kauplus

花店

lillepood

超市

supermarket

市场

turg

百货商店

kaubamaja

鱼店

kalapood

购物中心

kaubanduskeskus

海港

sadam

公园
park

长凳
pink

桥
sild

楼梯
trepp

地铁
metroo

隧道
tunnel

公交车站
bussipeatus

酒吧
baar

餐馆
restoran

邮筒
postkast

路标
tänavasilt

停车计时器
parkimisautomaat

动物园
loomaaed

游泳馆
ujula

清真寺
mošee

农场

talu

污染

reostus

墓地

surnuaed

教堂

kirik

操场

mänguväljak

寺庙

tempel

地形
maastik

树叶
leht

指示牌
teeviit

路
tee

草地
aas

石头
kivi

树
puu

徒步旅行者
matkaja

河
jõgi

草
rohi

花
lill

峡谷

org

山

mägi

湖

järv

森林

mets

沙漠

kõrb

火山

vulkaan

城堡

linnus

彩虹

vikerkaar

蘑菇

seen

棕榈树

palm

蚊子

sääsk

苍蝇

kärbes

蚂蚁

sipelgas

蜜蜂

mesilane

蜘蛛

ämblik

甲虫

mardikas

青蛙

konn

松鼠

orav

刺猬

siil

野兔

jänes

猫头鹰

öökull

鸟

lind

天鹅

luik

野猪

metssiga

鹿

hirv

麋鹿

põder

水坝

pais

风力发电机

tuuleturbiin

太阳能电池板

päikesepaneel

气候

kliima

服务员
kelner

菜单
menüü

椅子
tool

汤
supp

披萨饼
pitsa

餐具
söögiriistad

桌布
laudlina

前菜

eelroog

主菜

pearoog

甜点

magustoit

饮料

joogid

食物

toit

瓶子

pudel

快餐
kiirtoit

街边小吃
tänavatoit

茶壶
teekann

糖盒
suhkrutoos

一份饭菜
portsjon

意式咖啡机
espressomasin

高脚椅
lastetool

账单
arve

托盘
kandik

刀
nuga

餐叉
kahvel

勺子
lusikas

茶匙
teelusikas

餐巾
salvrätik

玻璃杯
klaas

碟子

taldrik

汤盘

supitaldrik

碟子

alustass

酱

kaste

盐瓶

soolatoos

胡椒磨

pipraveski

醋

äädikas

食用油

õli

调味料

vürtsid

番茄酱

ketšup

芥末

sinep

蛋黄酱

majonees

特价
eripakkumine

顾客
klient

乳制品
piimatooted

购物车
ostukäru

水果
puuviljad

FOR

肉铺
lihapood

面包房
pagariäri

称重
kaaluma

蔬菜
köögiviljad

肉
liha

冷冻食品
külmutatud toit

冷盘

lihalõigud

罐头食品

konservid

洗衣粉

pesupulber

甜食

maiustused

日用品

majatarbed

清洁用品

puhastustooted

销售员

müüja

收银机

kassaaparaat

收银员

kassapidaja

购物清单

ostunimekiri

开放时间

lahtiolekuajad

钱包

rahakott

信用卡

krediitkaart

袋子

kott

塑料袋

kilekott

超市 - supermarket

水

vesi

果汁

mahl

牛奶

piim

可乐

koola

红酒

vein

啤酒

õlu

酒

alkohol

可可

kakao

茶

tee

咖啡

kohv

意式浓缩咖啡

espresso

卡布奇诺

cappuccino

香蕉

banaan

苹果

õun

橙子

apelsin

西瓜

arbuus

柠檬

sidrun

胡萝卜

porgand

大蒜

küüslauk

竹子

bambus

洋葱

sibul

蘑菇

seen

坚果

pähklid

面条

nuudlid

意大利面条

spagetid

米饭

riis

沙拉

salat

薯条

friikartulid

炸土豆

praekartulid

披萨饼

pitsa

汉堡包

hamburger

三明治

võileib

炸猪排

šnitsel

火腿

sink

萨拉米

salaami

香肠

vorst

鸡肉

kana

烤肉

praeliha

鱼

kala

燕麦片
kaerahelbed

穆兹利
müsli

玉米片
maisihelbed

面粉
jahu

羊角面包
sarvesai

面包卷
kukkel

面包
leib

烤面包
röstsai

饼干
küpsised

黄油
või

凝乳
kohupiim

蛋糕
kook

蛋
muna

煎蛋
praemuna

奶酪
juust

冰激凌

jäätis

糖

suhkur

蜂蜜

mesi

果酱

moos

巧克力酱

pähklivõie

咖喱饭

karri

农舍
talumaja

粮仓
laut

稻草捆
heinapall

田野
põld

马
hobune

拖车
järelkäru

拖拉机
traktor

马驹
varss

驴
eesel

羊
lammas

羔羊
lambatall

山羊
kits

奶牛
lehm

牛犊
vasikas

猪
siga

小猪
põrsas

公牛
pull

鹅

hani

鸭

part

小鸡

tibu

母鸡

kana

公鸡

kukk

鼠

rott

猫

kass

老鼠

hiir

牛

härg

狗

koer

狗屋

koerakuut

花园浇水软管

aiavoolik

洒水壶

kastekann

长柄大镰刀

vikat

犁

ader

镰刀
sirp

锄头
kõblas

长柄草耙
hang

斧头
kirves

独轮手推车
käru

饲料槽
küna

牛奶罐
piimanõu

麻布袋
kott

栅栏
tara

马厩
tall

温室
kasvuhoone

土壤
muld

种子
seeme

肥料
väetis

联合收割机
kombain

收割

saaki koristama

收割

saagikoristus

山药

jamss

小麦

nisu

大豆

soja

土豆

kartul

玉米

mais

油菜籽

raps

果树

viljapuu

树薯

maniokk

谷物

teravili

烟囱
korsten

屋顶
katus

落水管
vihmaveetoru

窗户
aken

车库
garaaž

门铃
uksekell

门
uks

垃圾桶
prügikast

信箱
postkast

花园
aed

客厅

elutuba

浴室

vannituba

厨房

köök

卧室

magamistuba

儿童房

lastetuba

餐厅

söögituba

地板

põrand

墙壁

sein

吊顶

lagi

地窖

kelder

桑拿

saun

阳台

rõdu

露台

terrass

游泳池

bassein

割草机

muruniiduk

被单

voodilina

床罩

päevatekk

床

voodi

扫帚

luud

水桶

ämber

开关

lüliti

壁纸
tapeet

照片
pilt

台灯
lamp

搁架
riiul

橱柜
kapp

电视机
televiisor

壁炉
kamin

花
lill

垫子
padi

沙发
diivan

花瓶
vaas

遥控器
kaugjuhtimispult

地毯

vaip

窗帘

kardin

餐桌

laud

椅子

tool

摇椅

kiiktool

扶手椅

tugitool

书
raamat

毯子
tekk

装饰品
kaunistus

木柴
küttepuud

电影
film

高保真音响
helisüsteem

钥匙
võti

报纸
ajaleht

油画
maal

海报
plakat

收音机
raadio

笔记本
märkmik

吸尘器
tolmuimeja

仙人掌
kaktus

蜡烛
küünal

冰箱
külmik

微波炉
mikrolaineahi

厨房秤
köögikaal

烤面包机
röster

洗洁精
pesuvahend

冰柜
sügavkülmik

烤箱
ahi

垃圾桶
prügikast

洗碗机
nõudepesumasin

炊具

pliit

锅

pott

铸铁锅

malmpott

炒锅

vokkpann

平底锅

pann

水壶

veekeetja

蒸锅

aurutaja

烤盘

küpsetusplaat

陶瓷锅

lauanõud

马克杯

kruus

碗

kauss

筷子

söögipulgad

长柄勺

kulp

铲子

pannilabidas

搅拌器

vispel

滤网

kurn

筛子

sõel

磨碎机

riiv

研钵

uhmer

烧烤

grill

明火

lahtine tuli

菜板

lõikelaud

擀面杖

tainarull

开瓶器

korgitser

罐子

konservipurk

开罐器

konserviavaja

隔热手套

pajakinnas

水槽

kraanikauss

刷子

hari

海绵

pesukäsn

搅拌机

kannmikser

冷藏箱

sügavkülmuti

奶瓶

lutipudel

水龙头

segisti

供暖设备
küte

淋浴
dušš

毛巾
käterätik

浴帘
dušikardin

泡沫浴
mullivann

浴缸
vann

玻璃杯
klaas

洗衣机
pesumasin

瓷砖
plaadid

水龙头
segisti

便壶
pissipott

水槽
kraanikauss

厕所
WC-pott

蹲便器
kükitamistualett

坐浴器
bidee

小便池
pissuaar

厕纸
tualettpaber

马桶刷
WC-hari

牙刷
hambahari

牙膏
hambapasta

牙线
hambaniit

洗
pesema

手持式喷淋头
käsidušš

冲洗器
intiimdušš

洗脸盆
pesukauss

擦背刷
seljahari

肥皂
seep

沐浴露
dušigeel

洗发水
šampoon

法兰绒
vamm

排水
äravool

乳霜
kreem

除臭剂
deodorant

镜子

peegel

手镜

käsipeegel

剃须刀

habemenuga

剃须泡沫

raseerimisvaht

须后水

habemevesi

梳子

kamm

刷子

hari

吹风机

föön

喷发定型剂

juukselakk

化妆品

meigikomplekt

唇膏

huulepulk

指甲油

küünelakk

化妆棉

vatt

指甲剪

küünekäärid

香水

parfüüm

洗漱包

tualett-tarvete kott

凳子

taburet

计重秤

kaal

浴袍

hommikumantel

橡胶手套

kummikindad

卫生棉条

tampoon

卫生巾

hügieeniside

化学厕所

keemiline tualett

闹钟
äratuskell

毛绒玩具
pehme mänguasi

玩具车
mänguauto

玩具屋
nukumaja

礼物
kingitus

拨浪鼓
kõristi

气球

õhupall

床

voodi

（洋娃娃用）婴儿车

lapsevanker

扑克牌

kaardipakk

拼图

pusle

漫画

koomiks

乐高积木

Lego klotsid

积木玩具

klotsid

玩具人

kujuke

婴儿服

siputuspüksid

飞盘

lendav taldrik

床铃玩具

voodikarussell

棋盘游戏

lauamäng

骰子

täringud

火车模型

mudelrong

安抚奶嘴

lutt

聚会

pidu

绘本

pildiraamat

球

pall

洋娃娃

nukk

玩

mängima

沙坑

liivakast

秋千

kiik

玩具

mänguasjad

游戏机

mängukonsool

三轮车

kolmerattaline jalgratas

泰迪熊

mängukaru

衣柜

riidekapp

衣服

riietus

袜子

sokid

长袜

sukad

紧身裤

sukkpüksid

围巾
sall

雨伞
vihmavari

皮带
vöö

T恤
T-särk

运动鞋
tossud

靴子
saapad

拖鞋
sussid

凉鞋
sandaalid

鞋
jalatsid

雨靴
kummikud

内裤
aluspüksid

胸罩
rinnahoidja

背心
vest

衣服 - riietus

身体
bodi

裤子
püksid

牛仔裤
teksapüksid

短裙
seelik

女式衬衫
pluus

衬衫
särk

套头衫
sviiter

卫衣
dressipluus

西装夹克
bleiser

夹克
jakk

外套
mantel

雨衣
vihmamantel

套装
kostüüm

连衣裙
kleit

婚纱
pulmakleit

西装
ülikond

睡袍
öösärk

睡衣
pidžaama

莎丽
sari

头巾
pearätt

包头巾
turban

波卡
burka

卡夫坦
kaftan

(阿拉伯式)长袍长袍
abayah

泳衣
ujumistrikoo

男式泳裤
ujumispüksid

短裤
lühikesed püksid

运动服
dressid

围裙
põll

手套
kindad

纽扣

nööp

眼镜

prillid

手链

käevõru

项链

kaelakee

戒指

sõrmus

耳环

kõrvarõngas

便帽

nokamüts

衣架

riidepuu

帽子

kaabu

领带

lips

拉链

tõmblukk

头盔

kiiver

背带

traksid

校服

koolivorm

制服

vormirõivad

围兜
pudipõll

安抚奶嘴
lutt

尿不湿
mähe

服务器
server

文件柜
arhiivikapp

打印机
printer

显示屏
monitor

纸
paper

鼠标
hiir

办公桌
kirjutuslaud

文件夹
kaust

键盘
klaviatuur

废纸篓
paberikorv

椅子
tool

电脑
arvuti

咖啡杯
kohvikruus

计算器
kalkulaator

因特网
internet

笔记本电脑

sülearvuti

信件

kiri

消息

sõnum

手机

mobiiltelefon

网络

võrk

复印机

koopiamasin

软件

tarkvara

电话

telefon

插座

pistikupesa

传真机

faksimasin

表格

vorm

文件

dokument

买
ostma

付钱
maksma

交易
vahetama

现金
raha

美元
dollar

欧元
euro

日元
jeen

卢布
rubla

瑞士法郎
Šveitsi frank

人民币
renminbi jüaan

卢比
ruupia

提款处
sularahaautomaat

外币兑换处

valuutavahetuspunkt

金

kuld

银

hõbe

石油

nafta

能源

energia

价格

hind

合同

leping

税金

maks

股票

aktsia

工作

töötama

职员

töötaja

老板

tööandja

工厂

tehas

商店

kauplus

警官
politseinik

消防员
tuletõrjuja

厨师
kokk

医生
arst

飞行员
piloot

园丁
aednik

木匠
puusepp

裁缝
õmbleja

法官
kohtunik

化学家
keemik

演员
näitleja

公交车司机

bussijuht

出租车司机

taksojuht

渔夫

kalamees

清洁女工

koristaja

屋顶工

katusepaigaldaja

服务员

kelner

猎人

jahimees

画家

maaler

面包师

pagar

电工

elektrik

建筑工人

ehitaja

工程师

insener

屠夫

lihunik

水管工

torumees

邮递员

postiljon

士兵

sõdur

建筑师

arhitekt

收银员

kassapidaja

花农

lillemüüja

理发师

juuksur

售票员

piletikontrolör

机械师

mehaanik

船长

kapten

牙医

hambaarst

科学家

teadlane

拉比

rabi

伊玛目

imaam

和尚

munk

牧师

preester

铁锤
haamer

钳子
tangid

螺丝刀
kruvikeeraja

扳手
mutrivõti

手电筒
taskulamp

挖掘机

ekskavaator

工具箱

tööriistakast

梯子

redel

锯子

saag

钉子

naelad

钻机

trell

修
parandama

铲子
labidas

靠！
Põrgusse!

簸箕
kühvel

油漆桶
värvipott

螺丝
kruvid

乐器
pillid

打击乐器
trummikomplekt

扬声器
kõlar

低音提琴
kontrabass

小号
trompet

吉他
kitarr

钢琴

klaver

小提琴

viiul

贝斯

bass

定音鼓

timpan

鼓

trummid

电子琴

süntesaator

萨克斯管

saksofon

长笛

flööt

麦克风

mikrofon

入口
sissepääs

老虎
tiiger

笼子
puur

斑马
sebra

动物饲料
loomasööt

熊猫
panda

动物

loomad

大象

elevant

袋鼠

känguru

犀牛

ninasarvik

大猩猩

gorilla

熊

karu

骆驼

kaamel

鸵鸟

jaanalind

狮子

lõvi

猴子

ahv

火烈鸟

flamingo

鹦鹉

papagoi

北极熊

jääkaru

企鹅

pingviin

鲨鱼

hai

孔雀

paabulind

蛇

madu

鳄鱼

krokodill

动物园管理员

loomaaiatalitaja

海豹

hüljes

美洲豹

jaaguar

矮种马

poni

豹

leopard

河马

jõehobu

长颈鹿

kaelkirjak

老鹰

kotkas

野猪

metssiga

鱼

kala

龟

kilpkonn

海象

morsk

狐狸

rebane

羚羊

gasell

sport

橄榄球
Ameerika jalgpall

骑自行车
jalgrattasõit

网球
tennis

篮球
korvpall

游泳
ujumine

拳击
poksimine

冰球
jäähoki

英式足球
jalgpall

羽毛球
sulgpall

田径
kergejõustik

手球
käsipall

滑雪
suusatamine

马球
polo

跳
hüppama

拥抱
kallistama

笑
naerma

唱
laulma

走路
jalutama

做梦
unistama

祈祷
palvetama

亲吻
suudlema

书写
kirjutama

画
joonistama

展示
näitama

推
lükkama

给
andma

拿
võtma

有
omama

做
tegema

当
olema

站
seisma

跑
jooksma

拉
tõmbama

扔
viskama

摔倒
kukkuma

躺
lamama

等待
ootama

携带
kandma

坐
istuma

穿衣
riidesse panema

睡觉
magama

醒来
ärkama

看

vaatama

哭

nutma

抚摸

paitama

梳头

kammima

交谈

rääkima

明白

aru saama

问

küsima

听

kuulama

喝

jooma

吃

sööma

清理

korrastama

爱

armastama

做饭

süüa tegema

开车

sõitma

飞

lendama

航行

purjetama

计算

arvutama

读

lugema

学习

õppima

工作

töötama

结婚

abielluma

缝

õmblema

刷牙

hambaid pesema

杀

tapma

抽烟

suitsetama

寄

saatma

祖母
vanaema

祖父
vanaisa

父亲
isa

母亲
ema

婴童
imik

女儿
tütar

儿子
poeg

客人

külaline

阿姨

tädi

叔叔

onu

兄弟

vend

姐妹

õde

前额
otsmik

眼睛
silm

肩膀
õlg

手指
sõrm

脸
nägu

下巴
lõug

手
käsi

乳房
rind

腿
jalg

手臂
käsivars

婴童

imik

男人

mees

女人

naine

女孩

tüdruk

男孩

poiss

头

pea

背部
selg

肚子
kõht

肚脐
naba

脚趾
varvas

脚后跟
kand

骨头
luu

臀部
puus

膝盖
põlv

手肘
küünarnukk

鼻子
nina

屁股
tagumik

皮肤
nahk

脸颊
põsk

耳朵
kõrv

嘴唇
huuled

嘴
suu

牙齿
hammas

舌头
keel

脑
aju

心脏
süda

肌肉
lihas

肺
kops

肝脏
maks

胃
magu

肾脏
neerud

性交
seksuaalvahekord

避孕套
kondoom

卵子
munarakk

精子
sperma

怀孕
rasedus

月经

menstruatsioon

阴道

vagiina

阴茎

peenis

眉毛

kulm

头发

juuksed

脖子

kael

医院
haigla

救护车
kiirabi

轮椅
ratastool

骨折
luumurd

医生

arst

急诊室

traumapunkt

护士

meditsiiniõde

紧急情况

hädaolukord

昏迷

teadvuseta

痛

valu

受伤

vigastus

出血

verejooks

心脏病发作

südamerabandus

中风

insult

过敏

allergia

咳嗽

köha

发烧

palavik

流感

gripp

腹泻

kõhulahtisus

头痛

peavalu

癌症

vähk

糖尿病

diabeet

外科医生

kirurg

手术刀

skalpell

手术

operatsioon

CT
KT

X光
röntgen

超声波
ultraheli

口罩
mask

疾病
haigus

候诊室
ooteruum

拐杖
kark

石膏
kips

绷带
side

注射
süst

听诊器
stetoskoop

担架
kanderaam

体温计
kraadiklaas

出生
sünd

超重
ülekaaluline

助听器
kuuldeaparaat

消毒液
desinfektsioonivahend

感染
põletik

病毒
viirus

艾滋病
HIV / AIDS

药物
meditsiin

接种疫苗
vaktsineerimine

药片
tabletid

药丸
pill

急救电话
hädaabikõne

血压计
vererõhuaparaat

生病/健康
haige / terve

救命！

Appi!

警报

häire

突击

kallaletung

攻击

rünnak

危险

oht

紧急出口

avariiväljapääs

着火啦！

Tulekahju!

灭火器

tulekustuti

意外

õnnetus

急救箱

esmaabikomplekt

呼救信号

SOS

警察

politsei

欧洲

Euroopa

北美洲

Põhja-Ameerika

南美洲

Lõuna-Ameerika

非洲

Aafrika

亚洲

Aasia

澳洲

Austraalia

大西洋

Atlandi ookean

太平洋

Vaikne ookean

印度洋

India ookean

南冰洋

Lõuna-Jäämeri

北冰洋

Põhja-Jäämeri

北极

põhjapoolus

南极
lõunapoolus

南极洲
Antarktika

地球
Maa

陆地
maismaa

海
meri

岛
saar

国家
rahvus

国家
riik

钟面

sihverplaat

时针

tunniosuti

分针

minutiosuti

秒针

sekundiosuti

现在几点？

Mis kell on?

天

päev

时间

aeg

现在

praegu

电子表

digitaalne kell

分

minut

时

tund

周一 esmaspäev
周二 teisipäev
周三 kolmapäev
周四 neljapäev
周五 reede
周六 laupäev
周日 pühapäev

昨天
eile

今天
täna

明天
homme

早晨
hommik

中午
lõuna

晚上
õhtu

工作日
tööpäevad

周末
nädalavahetus

雨
vihm

彩虹
vikerkaar

风
tuul

雪
lumi

春
kevad

夏
suvi

秋
sügis

冬
talv

天气预报

ilmaennustus

温度计

termomeeter

阳光

päikesepaine

云

pilv

雾

udu

潮湿

niiskus

闪电

pikne

打雷

kõu

风暴

torm

冰雹

rahe

季风

mussoon

洪水

üleujutus

冰

jää

一月

jaanuar

二月

veebruar

三月

märts

四月

aprill

五月

mai

六月

juuni

七月

juuli

八月

august

九月

september

十月

oktoober

十一月

november

十二月

detsember

形状

kujundid

圆形

ring

正方形

ruut

长方形

nelinurk

三角形

kolmnurk

球体

kera

立方体

kuup

白

valge

黄

kollane

橙

oranž

粉

roosa

红

punane

紫

lilla

蓝

sinine

绿

roheline

棕

pruun

灰

hall

黑

must

很多/少许

palju / vähe

生气/平静

vihane / rahulik

美/丑

ilus / inetu

首/尾

algus / lõpp

大/小

suur / väike

明/暗

hele / tume

兄弟/姐妹

vend / õde

干净/肮脏

puhas / must

完整/缺失

täielik / puudulik

白天/晚上

päev / öö

死/生

surnud / elus

宽/窄

lai / kitsas

可食用/非食用

söödav / mittesöödav

邪恶/善良

kuri / sõbralik

兴奋/无聊

põnevil / tüdinud

胖/瘦

paks / peenike

第一/最后

esimene / viimane

朋友/敌人

sõber / vaenlane

满/空

täis / tühi

硬/软

kõva / pehme

重/轻

raske / kerge

饿/渴

nälg / janu

生病/健康

haige / terve

非法/合法

ebaseaduslik / seaduslik

聪明/愚笨

tark / rumal

左/右

vasak / parem

近/远

lähedal / kaugel

新/旧

uus / kasutatud

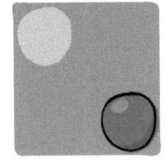

没有/有些

mitte midagi / midagi

老/幼

vana / noor

开/关

sees / väljas

打开/合上

lahti / kinni

安静/吵闹

vaikne / vali

富/穷

rikas / vaene

对/错

õige / vale

粗糙/光滑

kare / sile

伤心/高兴

kurb / rõõmus

短/长

lühike / pikk

慢/快

aeglane / kiire

湿/干

märg / kuiv

温暖/凉爽

soe / jahe

战争/和平

sõda / rahu

0

零
null

1

一
üks

2

二
kaks

3

三
kolm

4

四
neli

5

五
viis

6

六
kuus

7

七
seitse

8

八
kaheksa

9

九
üheksa

10

十
kümme

11

十一
üksteist

12
十二
kaksteist

13
十三
kolmteist

14
十四
neliteist

15
十五
viisteist

16
十六
kuusteist

17
十七
seitseteist

18
十八
kaheksateist

19
十九
üheksateist

20
二十
kakskümmend

100
百
sada

1.000
千
tuhat

1.000.000
百万
miljon

英语

inglise

美式英语

Ameerika inglise

普通话

mandariini

印地语

hindi

西班牙语

hispaania

法语

prantsuse

阿拉伯语

araabia

俄语

vene

葡萄牙语

portugali

孟加拉语

bengali

德语

saksa

日语

jaapani

我

mina

你

sina

他/她/它

tema

我们

meie

你们

teie

他们

nemad

谁？

kes?

什么？

mis?

怎样？

kuidas?

哪里？

kus?

什么时候？

millal?

名字

nimi

后面

taga

里面

sees

前面

ees

上方

kohal

上面

peal

下面

all

旁边

kõrval

中间

vahel

地点

koht